Thomas Springub

Josef Guggenmos: Aus Glas - Unterrichtsentwurf für
PVO-Lehr II

Thomas Springub

Josef Guggenmos: Aus Glas - Unterrichtsentwurf für den Prüfungsunterricht I gemäß §17 PVO-Lehr II

GRIN Verlag

Bibliografische Information der Deutschen Nationalbibliothek: Die Deutsche Bibliothek
verzeichnet diese Publikation in der Deutschen Nationalbibliografie; detaillierte bibliografische Daten sind im Internet über http://dnb.d-nb.de/ abrufbar.

1. Auflage 1999
Copyright © 1999 GRIN Verlag
http://www.grin.com/
Druck und Bindung: Books on Demand GmbH, Norderstedt Germany
ISBN 978-3-640-39613-9

Unterrichtsentwurf für den Prüfungsunterricht I gemäß §17 PVO-Lehr II - Josef Guggenmos: Aus Glas

von

Thomas Springub

Thomas Springub
2002
LA, ABS Nordhorn

Aschendorf, 10. Oktober

Unterrichtsentwurf für den Prüfungsunterricht I

gemäß § 17 PVO – Lehr II

Fach: Deutsch

Klasse: 3a

Datum: 21.03.2000   **SchülerInnen:** 24 (14w, 10m)

Uhrzeit: 8:50 – 9:35   **U. i. d. Klasse seit:** 02.09.1999

AU seit: 04.11.1998
U.i.e.V. seit: 01.02.1999
AU seit: 02.02.2000

Thema der Unterrichtseinheit:

Gedichte

Thema der Stunde:

„Aus Glas" (Josef Guggenmos)

Gliederung der Unterrichtseinheit:

1. „Avenidas" (Eugen Gomringer) – Paralleltext schreiben nach vorgegebenem, sprachlichem Muster
2. „Fips" (Christian Morgenstern) – den Text grafisch umsetzen und formale Charakteristika von Gedichten kennen lernen
3. „Faulenzen" (Josef Reding) – Paralleltext schreiben nach vorgegebenem, inhaltlichem Muster
4. „Die Ameisen" (Joachim Ringelnatz) – Standbild bauen und Tagebuch-Eintrag verfassen
5. *„Aus Glas" (Josef Guggenmos) – arbeitsunterschiedlicher, handlungs- und produktionsorientierter Umgang in Gruppen*
6. „???" (???) – Vorträge (auswendig) der selbstgewählten Lieblingsgedichte

Ziel der Unterrichtseinheit:

Die SchülerInnen sollen durch handlungs- und produktionsorientierten Umgang mit Kinderlyrik eine freudvolle Einstellung zu(m Lesen und Schreiben von) Gedichten erhalten.

Ziel der Stunde:

Die SchülerInnen sollen das Gedicht „Aus Glas" von Josef Guggenmos mit Hilfe handlungs- und produktionsorientierter Verfahren vorwiegend inhaltlich-interpretativ erschließen und transferieren.

Teillernziele der Stunde: Die SchülerInnen sollen...

(a) ... einem verrätselten Lehrervortrag zuhören und das ausgelassene Wort „Glas" assoziieren.

(b) ... den Inhalt des Gehörten rekonstruieren und die positiven Besonderheiten des Aus-Glas-Seins sowie weiterer imaginärer Rollen nachentdecken und benennen.

(c) ... mit dem Daumen des ausgestreckten Armes eine liegende Acht ausführen und so die Augenmuskeln bzw. die Augenfolgebewegungen schulen und auf das Lesen vorbereiten.

(d) ... die ersten drei Strophen des Gedichts lesen und formale Charakteristika (Reimwörter, Verse, Strophen) benennen.

(e) ... die negative(n) Besonderheit(en) des Aus-Glas-Seins und weiterer imaginärer Rollen nachentdecken und benennen.

(f) ... sich in arbeitsunterschiedlicher Gruppen-, Partner- und/ oder Einzelarbeit in vorgegebene und z.T. selbst erfundene Szenen und Figuren einfühlen, indem sie ...
   - ... das Gedicht grafisch umsetzen und Rollengedanken dazu scheiben,
   - ... den Bau verschiedener Standbilder (zu den Strophen) erarbeiten und erproben,
   - ... einen Tagebuch-Eintrag verfassen oder
   - ... ein Parallelgedicht verfassen.

(g) ... ihre Aufgabe dem Plenum vorstellen und das Ergebnis vortragen.

G E P L A N T E R   U N T E R R I C H T S V E R L A U F

Uhr-Zeit	Phase	Sozialform - Handlungsmuster	Handlungssituation (auch geplantes Lehrerverhalten und erwartetes SchülerInnenverhalten)	Arbeitsmedien	TLZ
8:50	Begegnung	SHK – LV/ Verrätseln	-Ss kommen in die Klasse und gehen direkt zum durch ausgelegte Teppich-Fliesen gekennzeichneten SHK: Begrüßung -L kündigt Gedicht-Rätsel an und trägt die ersten drei Strophen des Gedichts „Aus Glas" vor, wobei er das Wort „Glas" durch akustische Zeichen ersetzt; Ss assoziieren das Wort Glas (falls nicht direkt, trägt L nochmals vor); L trägt die ersten drei Strophen mit „Glas" vor; evtl. spontane Äußerungen der Ss	Teppichfliesen akustisches Gerät	(a)
8:55	Auseinandersetzung	SHK – UG – SV/ UG – stilles Erlesen/ UG – Arbeitsorganisation	-Im Sokratischen Dialog (vgl. MEYER 1994, 59) erarbeiten L und Ss (vorwiegend) den Inhalt der ersten drei Strophen und äußern erste, parallele Gedanken. -Ss `machen´ „liegende Acht" (Brain-Gym[6]) nach Aufforderung des L; L bereitet Projektor vor -L projeziert die bekannten ersten drei Strophen an die Wand; ein S liest vor; L fragt nach Reimwörtern und Anzahl der Strophen; Ss äußern sich -L `verrät´, dass das Gedicht noch mehr Strophen hat und legt den Rest frei; Ss lesen still; L und Ss erarbeiten im Sokratischen Dialog den Inhalt des Schlusses und suchen negative Aspekte ihrer parallelen Wunschgedanken -L kündigt GA an, fordert Ss auf, den SHK aufzulösen und sich anhand eines unter ihrem Tisch angebrachten Farbstreifens den Gruppen zuzuordnen	Projektor, Folie Farbstreifen unter den Tischen	(b) (c) (d) (e)

Uhr-Zeit	Phase	Sozialform -Handlungsmuster	Handlungssituation (auch geplantes Lehrerverhalten und erwartetes SchülerInnenverhalten)	Arbeitsmedien	TLZ
9:08	Umsetzung	EA/ PA/ GA – handlungs- und produktionsorientierter Umgang mit einem Gedicht	-die Ss erlesen und bearbeiten die Arbeitsaufträge ihrer Gruppen; L kontrolliert Aufgabenverständnis und hilft nach Bedarf • _Blaue Gruppe_: grafische Umsetzung inkl. Rollengedanken: Die vorgefertigten Bild-Hintergründe sollen mit den passenden Figuren ausgefüllt werden. Nun muss der Inhalt der Gedankenblasen der Figuren zunächst vor- und dann ´rein´- geschrieben werden. Zuletzt sollen die Bilder in die richtige Reihenfolge auf ein Stück Tapete geklebt werden (Bild-Unterschriften ergeben Gedicht) • _Gelbe Gruppe_: Standbilder bauen (zu jeder Strophe): Die eingefrorenen Situationen jeweils ´aufbauen´ und dabei besonders auf Körperhaltungen und Mimiken achten. Die Gedanken der Figuren wiedergeben. • _Grüne Gruppe_: Tagebuch-Eintrag schreiben: Sich in die Rolle einer (Neben-) Figur begeben und die Handlung bewertend aufschreiben. • _Rote Gruppe_: Parallelgedicht schreiben (differenziert: mit mehr oder weniger Vorgaben) did.-meth. Reserve: Arbeitsblatt mit verfremdetem Gedicht	Arbeitsaufträge, Hilfsumschläge, Arbeitsblätter, Bilder und Collage-Teile AB	(f)
9:25	(Plenum) – Ergebnispräsentation		-L kündigt Ende der Arbeitszeit akustisch an; Ss gehen zu ihren Plätzen und präsentieren ihre Arbeitsergebnisse (Nicht vorgestellte Ergebnisse können später in der Gedicht-Ecke betrachtet werden.)	Klangstab	(g)

Abkürzungen: EA=Einzelarbeit; PA=Partnerarbeit, GA=Gruppenarbeit, LV=Lehrervortrag, SV=SchülerInnenvortrag, UG=Unterrichtsgespräch, SHK= Sitzhalbkreis
L=Lehreranwärter, Ss=SchülerInnen, S=SchülerIn, AB=Arbeitsblatt, Sokratischer Dialog=fragend-entwickelndes Gespräch

Anmerkungen zur Situation der Klasse

In der Klasse 3 erteile ich seit dem 2. September 1999 das Fach Deutsch mit wöchentlich vier Stunden in eigener Verantwortung. 13 Kinder dieser Klasse unterrichtete ich bereits seit November 1998 mit fünf Stunden im Ausbildungsunterricht bzw. ab Februar dieses Jahres mit vier Stunden in eigener Verantwortung. Die Klasse wurde zum Schuljahresbeginn 1999/2000 aus zwei zweiten Klassen zusammengefasst. Seit Februar unterrichte ich vier Wochenstunden im Ausbildungsunterricht. Die **Lerngruppe** umfasst 24 Kinder und setzt sich aus 14 Mädchen und 10 Jungen zusammen. Die SchülerInnen sind überwiegend neun Jahre, ein Alter, in dem das Kind nach WYGOTSKI erst auf dem Weg zu einem analytischen Begriffsdenken ist. Es findet eine Art vorbegriffliches Denken statt, welches mit Hilfe des fortschreitenden Spracherwerbs immer mehr in ein abstraktes, operatives Denken übergeht. Da diese Umstrukturierung vom Sozialisationsprozess abhängig ist, d.h. vom praktischen Handeln des Kindes in seiner sozialen und gegenständlichen Umwelt, ist es m. E. wichtig, dass der kindliche Lernprozess möglichst durch Handlungen, Kommunikation und Selbstständigkeit geprägt ist. In diesem Zusammenhang halte ich die in dieser Stunde angewandten Verfahren des handlungs- und produktionsorientierten Literaturunterrichts für besonders geeignet. (vgl. Sachanalyse)

Bezüglich des **Arbeitsverhaltens**[1] ist besonders auffällig, dass v.a. Sandra H. und Maik, aber auch Christoph O. den Unterricht in Gesprächsphasen oft verbal stören. Meistens reicht ein namentliches Ermahnen, um Ruhe herzustellen. Trotzdem werde ich die lange Phase im Sitzhalbkreis durch zwei kurze Brain-Gym®-Übungen auflockern, um die Konzentrationsfähigkeit dieser und der anderen Kinder nicht überzustrapazieren. Weiterhin sollte an dieser Stelle erwähnt werden, dass viele Kinder (etwa die Hälfte) noch Schwierigkeiten damit haben, Arbeitsaufträge selbstständig zu erschließen. Trotzdem bzw. gerade deshalb möchte ich die Kinder in der Umsetzungsphase relativ selbstständig arbeiten lassen, wobei ich versuche, die Arbeitsaufträge hierzu kurz und klar zu formulieren und während der Arbeit helfend zur Seite zu stehen.

Die **Lernbereitschaft** der Klasse ist m. E. durchschnittlich gut. Nach einer Phase der Umgewöhnung zu Beginn des Schuljahres, in der die Kinder sich in der neuen, großen Klasse (von jeweils 14 auf 24) orientieren mussten, ist die allgemeine Mitarbeit wieder besser geworden. In jüngster Zeit beteiligen sich besonders viele Mädchen (Anne, Judith, Tanja, Corinna, Miriam, Lena) und hier an erster Stelle Manuela am Unterricht. Mein Anliegen ist es aber, die überwiegend stillen Jungen besonders in Gesprächsphasen einzubinden, weshalb ich dann manchmal auch Jungen aufrufe, die sich nicht gemeldet haben. Des Weiteren gehe ich davon aus, dass die handlungs- und produktionsorientierten Verfahren der Umsetzungsphase die SchülerInnen besonders motiviert.

In dieser Klasse ist das **Leistungsvermögen** stark heterogen. Besondere Zuwendung und Unterstützung benötigen oftmals Torsten (anerkannte LRS), Sandra H., Paula, Christoph O., Christian und Maria. Sie sind besonders im Bereich `Lesen´ eher als schwach einzustufen. Deshalb müssen die Kinder in dieser Stunde nur einen kleinen Teil des Gedichts selbst erlesen. Außerdem kommen in der dritten Phase nur Verfahren zur Anwendung, die vom Typ her bekannt sind, so dass das Erlesen der Arbeitsaufträge nicht unbedingt erforderlich ist. Leistungsstark in allen Bereichen des Deutschunterrichts sind Judith, Anne, Christina, Corinna, Manuela und Miriam. Damit alle SchülerInnen gefordert und gefördert werden bzw. um dem heterogenen Leistungsvermögen der Klasse zu begegnen, kom-

---

[1] Trotz der im Folgenden aufgeführten negativen Aspekte, möchte ich hier festhalten, dass das Arbeitsverhalten der Klasse alles in allem recht positiv zu bewerten ist.

men in der Umsetzungsphase differenzierte Anspruchsniveaus zum Einsatz (vgl. Teillernziele und methodische Vorüberlegungen).

Bezüglich des **Arbeitstempos** gibt es innerhalb der Lerngruppe ebenfalls große Unterschiede. Daraus eventuell resultierenden `Leerlaufphasen´ soll entgegengewirkt werden, indem den SchülerInnen im Umfang differenzierte und angemessene Arbeiten zugewiesen werden. Außerdem sind alle Aufgaben so strukturiert, dass sie zeitlich `dehnbar´ sind (vgl. methodische Vorüberlegungen). Sollten jedoch Kinder ihre Aufgaben frühzeitig vollends erledigt haben, steht ein Arbeitsblatt als quantitative Differenzierung zur Verfügung.

Insgesamt als positiv zu bewerten ist das **Sozialverhalten** der Klasse. Die Kinder können aufeinander eingehen, nehmen zumeist Rücksicht und helfen sich meistens, falls notwendig. Daher und weil sie schon gelegentlich in der Gruppe bzw. mit einem Partner gearbeitet haben, traue ich ihnen in dieser Stunde diese Sozialformen zu, obwohl es Kindern in dieser Altersstufe im Allgemeinen eher schwer fällt kooperativ zu arbeiten.[2]

Die **Arbeitstechniken** `grafische Umsetzung´, `Parallelgeschichte spielen´ und `Parallelgedicht schreiben´ wurden erst in dieser Einheit eingeführt, während das `Standbild bauen´ schon länger bekannt ist. Damit bei den wenig bekannten Techniken Probleme weitestgehend reduziert auftreten, teile ich den Kindern die Arbeitsweise nach Interesse und Leistungsvermögen zu.

Sachanalyse

Das Gedicht „Aus Glas" stammt aus dem Buch „Was denkt die Maus am Donnerstag?" und wurde von JOSEF GUGGENMOS geschrieben. Der 1922 in Irsee geborene Schriftsteller „ist im deutschen Sprachraum zweifellos so etwas wie ein Klassiker des zeitgenössischen Kindergedichts" (SCHIEHLEN 1992, 31).

Das Gedicht kann der Gattung `Kinderlyrik´ zugeordnet werden, welche einen sehr breiten Raum in der Kinderliteratur einnimmt. Kinderlyrik ist im Wesentlichen ein eigenständiges Genre, welches „in gebundener, nicht unbedingt gereimter Sprache und in einer bestimmten Form von Kindern und Erwachsenen für Kinder [...] verfasst und von Heranwachsenden rezipiert" wird (REGER 1990, 1). Die Grenzen zur Lyrik für Erwachsene sind jedoch nicht klar definierbar, denn es bestehen Gemeinsamkeiten in thematischer, formaler und intentionaler Hinsicht (vgl. MOTTE 1989, 16). Die Textarten Erlebnis-/ Stimmungslyrik, Reflexionslyrik, Geschehenslyrik finden sich z.B. sowohl im Bereich der Erwachsenen- als auch der Kinderlyrik. Unterscheidungsmerkmale sind aber dennoch vorhanden. Kinderlyrik wird ausschließlich für Kinder verfasst und der Adressatenbezug im Gedicht selbst deutlich. Die Themen sind aus dem unmittelbaren Erfahrungsbereich der Kinder entnommen. Autoren der Kindergedichte bevorzugen ein einfaches Metrum, Wiederholungen, Endreim und Überschaubarkeit. Häufig ist eine sehr kindgemäße Sprache zu finden und eine positive Haltung zur Welt und zum Leben tritt hervor. Der wesentliche Unterschied zur Lyrik für Erwachsene ist der niedrige Abstraktionsgrad in Kinderlyrik. Kindergedichte (i. B. das vorliegende) „haben Zeigecharakter und führen zur Reflexion, während die für Erwachsene meist das Ergebnis einer Reflexion vorstellen" (a.a.O., 19), da abstraktes Denken von Kindern (diesen Alters) nur ansatzweise geleistet werden kann (vgl. Anmerkungen zur Situation der Klasse, Didaktische Vorüberlegungen). REGER unterteilt die Kinderlyrik in fünf Kategorien (Gattun-

---

[2] Die hier zum Einsatz kommenden Gruppenarbeiten sind zudem auf die Altersgruppe zugeschnitten, da sie entweder vorstrukturiert sind (blaue Gruppe), oder nur eine Zusammenarbeit im handelnden Umgang erfordern (gelbe und grüne Gruppe).

8
gen): Gebrauchsverse, Erlebnis- und Stimmungslyrik, Reflexionslyrik (Gedankenlyrik), Geschehenslyrik und Sprachspiele (vgl. REGER 1990, 33).

Obwohl es in „Aus Glas" zweifellos um Gedanken geht, würde ich dieses Gedicht nicht der Reflexionslyrik zuordnen, denn es geht hier nicht um Probleme und der Text hat auch nicht in erster Linie einen informativen oder belehrenden Charakter. Ich würde es eher als Stimmungslyrik bezeichnen, denn das Gedicht handelt von einer bestimmten Stimmung oder besser einem Gedankenspiel: Was wäre wenn...? Der Gegenstand des Gedankenspiels bildet die Überschrift. In wenigen Zeilen entwickelt JOSEF GUGGENMOS das in sich geschlossene Bild einer Fiktion, den Traum eines ˋlyrischen Ichsˊ bzw. eines Kindes („... die vielen anderen Kinder..."), nicht aus Fleisch und Blut, sondern aus Glas zu sein (vgl. REICHGELD 1993, 23). Dabei heißt es ausdrücklich, dass dieses „zum Spaß" geschehe. Der Text spielt die Konsequenzen dieses Gedankenspiels durch. Die Vorstellung durchsichtig (nicht ˋunsichtbarˊ) zu sein, hat etwas Faszinierendes: Wie verhielten sich die Leute und besonders die anderen Kinder, wenn sie mir gläsernen Menschen begegnen würden? Das wäre doch interessant! Aber das Spiel kennt auch andere Seiten, die der Autor dem Leser vor Augen führt. Die Begeisterung der 3. Strophe („Ei, wie fein!") wird durch die Realität der 4. Strophe gedämpft („... in tausend Stücken."): Glas ist zerbrechlich, ein Sturz – und alles kann vorbei sein. Zuletzt wird das zweiseitige Gedankenspiel durch einen einzelnen Vers beendet, in dem der Erzähler bekundet, dass er lieber bleibe wie er ist. Das Gedicht fordert den Leser einerseits auf, sich in eine imaginäre Rolle zu versetzen und führt ihm die Zweiseitigkeit von Wunschgedanken vor Augen (vgl. Ziele, Didaktische Vorüberlegungen).

Formal unterliegt das Gedicht einem recht regelmäßigen Aufbau. Es besteht aus vier Strophen mit jeweils drei Versen und einem Schlussvers. Seine seltene aber dennoch einfache und klare Struktur unterliegt folgendem Reimschema: aaa, bbb, ccc, ded, e (Endreime). Im zweiten Vers der 3. Strophe enthält im Zuge einer Anhäufung des (in unserer Kultur) lautsymbolisch fröhlichen ˋeiˊs eine Art Binnen-Assonanz („Ei, wie fein"). Auffällig ist auch der optisch erkennbare wechselnde Rhythmus, welcher vielleicht eine besondere inhaltliche Hervorhebung der Mittelverse anstrebt. Das Versmaß ist durchgängig Trochäus (abwechselnd 5-hebig und 2-hebig). Die erste Strophe und der Schlussvers bilden den Rahmen der Wirklichkeit, dazwischen bildet sich eine Fiktion bzw. ein Gedankenspiel aus. Die Verbindung zwischen beiden wird nicht nur durch die einleitende erste Strophe gewährleistet, sondern auch formal durch eine Klangverbindung (Endreim) zwischen dem Mittelvers der letzten Strophe und dem nachgeschobenen Schlussvers.

Bleibt anzumerken, dass man aus dem Schlussvers „keine tiefgründig-grundsätzliche Resignation herauslesen" (SCHIEHLEN 1992, 31) sollte. Besonders das Wort „Ach" zeigt an, das „Gedankenbild, ohnehin nur ein Augenblicksphänomen, hat sich aufgelöst, das Spiel ist zu Ende ..." (ebd.).

Handlungs- und produktionsorientierter Literaturunterricht (und Szenische Interpretation)

„Literaturunterricht ist weit gehend davon bestimmt, dass Kinder mit Augen und Stimme an Gedichte und Geschichten herangehen, sie lesen und vorlesen und nachher im Unterricht darüber sprechen" (MENZEL 1994, 6). Eine solche, rein analysierende Form des Unterrichts wird vielen SchülerInnen der Grundschule nicht gerecht (vgl. Anmerkungen zur Situation der Klasse). Diese Art des Literaturunterrichts fördert nicht die Freude am Lesen, sondern schafft eher Antipathie (vgl. HAAS/ MENZEL/ SPINNER 1994, 17).

Diese ˋBestandserhebungˊ war Grundlage für einen ˋneuenˊ literaturdidaktischen Ansatz. Der handlungs- und produktionsorientierte Literaturunterricht beinhaltet zum einen Verfahren, bei denen

Texte szenisch, visuell oder akustisch gestaltet werden (Handlungsorientierung), und zum anderen textproduktive Verfahren, wie Restauration oder Transformation (Produktionsorientierung).

Solche Handlungsmuster sprechen bei den SchülerInnen Sinnlichkeit, Gefühl, Phantasie und den kindlichen Tätigkeitsdrang weitaus mehr an als die oben beschriebene, herkömmliche Umgangsform.

Eng verwandt damit ist das didaktische Konzept der Szenischen Interpretation von INGO SCHELLER. Es darf nicht mit darstellendem Spiel, Theater, o.ä. verwechselt werden, denn Szenische Interpretation ist mehr! Sie versucht, nicht nur mit Mitteln des Szenischen Spiels, sondern mit vielen weiteren komplexen Verfahren[3], einen Prozess in Gang zu setzen, durch den die SchülerInnen die im Text gestalteten Geschehnisse, Personen und Beziehungen entdecken, verstehen und vielleicht auf das eigene Leben übertragen. Das Ziel der Szenischen Interpretation ist also nicht in erster Linie der Vortrag, das fertige Produkt, sondern die Interpretation des Textes durch die Handlungen der SchülerInnen.

Die Szenische Interpretation unterscheidet sich v.a. durch ihre Ganzheitlichkeit von den meisten anderen literaturdidaktischen Ansätzen (vgl. SCHELLER 1996, 22):

> Sie ist *textbezogen*: Sie regt die SchülerInnen an, auf der Ebene der sinnlichen Vorstellung, die szenischen Leerstellen so genau wie möglich zu füllen und dabei sozialhistorische Gegebenheiten zu berücksichtigen.

> Sie ist *erfahrungsbezogen*: Die Erlebnisse, Phantasien und Verhaltensweisen der SchülerInnen werden bewusst als Potential gesehen sowie abgerufen und thematisiert.

> Sie ist *handlungsbezogen*: Der Interpretationsprozess verläuft hier über vielfältige sprachliche und körperliche Handlungen.[3]

> Sie ist *produktionsbezogen*: Die SchülerInnen vergegenständlichen und präsentieren ihre Deutungen immer wieder in verschiedensten Darstellungen.

> Sie ist zugleich *subjekt- und gruppenbezogen*: In der Diskussion und Gestaltung gemeinsamer szenischer Deutungen kann weder auf den Einzelnen noch auf die Gruppe verzichtet werden.

Didaktische Vorüberlegungen

Der Unterrichtsgegenstand `Kinderlyrik´ wird in den niedersächsischen Rahmenrichtlinien in verschiedenen Lernbereichen angesprochen. Die in dieser Stunde geplanten Unterrichtsinhalte finden ihre curriculare Rechtfertigung jedoch v.a. im Bereich „Weiterführendes Lesen" (NIEDERSÄCHSISCHER KULTUSMINISTER 1984, 18ff.).[4] Während es in der Unterrichtseinheit insgesamt auch um eine „Hinführung zur Teilnahme am literarischen Leben" (a.a.O., 18) geht[5], steht in dieser Stunde der „Umgang mit Text[en]" (ebd.) im Vordergrund. Dies beinhaltet eine textliche Auseinandersetzung auf emotionaler Ebene, Entwicklung von Phantasie, Vertiefung von Lerninteressen und Förderung der Freude am Lesen. Das Ziel liegt dabei in der zunehmenden Selbstständigkeit bei der Erschließung und Aneignung von Texten, die anfänglich durch Erlesen und durch erste Textdeutungen bis zu kreativer Umarbeitung vorgegebener Texte reichen soll. Des Weiteren wird eine Vermittlung von Grundkenntnissen

---

[3] Oberbegriffe der szenischen Interpretationsverfahren: Phantasiereisen, Rollenschreiben, szenisches Lesen, Rollengespräche, Standbilder, Durchführung physischer Handlungen, Szenisches Spiel, Szenische Demonstration. (vgl. SCHELLER 1989, 46-79 und methodische Vorüberlegungen).

[4] Das „Vortragen von kleinen Prosatexten und auswendig gelernten Reimen und Gedichten" aus dem Bereich „Sprechen und Hören" (NIEDERSÄCHSISCHER KULTUSMINISTER 1984, 7) ist sicherlich verwandt und auch ein wichtiges Ziel, spielt jedoch in dieser Stunde keine Rolle.

[5] Es wurde eine Gedichte-Ecke im Klassenraum angelegt.

geforderrt (vgl. ebd.). Die geplanten Unterrichtsinhalte sind also mit den Rahmenrichtli-nien vollends begründbar. Die folgende Tabelle soll dies für den Bereich `Weiterführendes Lesen´ noch detaillierter darstellen.

RRL: Ziele und Aufgaben (Weiterf. Lesen)[6]	Ziele und geplante Inhalte der Stunde
„Texte gliedern" – „Die äußere Form von Texten beachten"	Nennung der Anzahl von Strophen und Versen, sowie Benennung der Reimwörter
„Poetische Texte deuten" – „Zu Textteilen oder Texten erste Deutungen finden"	Erkenntnis der Zweiseitigkeit des Wunschgedankens
„Texte kreativ verändern" – „Vorgegebene Texte umsetzen"	Standbilder bauen, grafische Umsetzung mit Rollengedanken
„Texte kreativ verändern" – „Vorgegebene Texte erweitern oder verändern"	Parallelgeschichte spielen, Parallelgedicht schreiben

Ergänzend soll nicht unerwähnt bleiben, dass der Lernbereich „Schreiben" bzw. „Texte verfassen" (vgl. a.a.O., 38ff.) durch das Schreiben der Rollengedanken (Blaue Gruppe) und eines Parallelgedichtes (Rote Gruppe) ebenfalls betroffen ist.

Bereits im Kleinkindalter begegnen Kinder lyrischen Texten, die beispielsweise von den Eltern vorgesungen oder aufgesagt werden, z.b. Schlaflieder oder Sprüche (Backe, backe Kuchen ...). Diese Kinderstubenreime sind die erste literarische Ausdrucksform, die Kinder kennen lernen (vgl. REGER 1990, 41ff.). Doch die dominierenden, `einfachsten´ Medien Fernseher und Computer führen zu einer äußerst passiven Lern- und Konsumhaltung von Kindern, welche eine Auseinandersetzung mit Gedichten weitestgehend verdrängt. Dabei können Gedichte helfen, „eigene Erfahrungen zu benennen". [...] So können Gedichte einen Augenblick festhalten, den wir so noch nicht gesehen oder erlebt haben. Die Wahrnehmung wird differenziert und dem Denken neue Perspektiven eröffnet" (FISCHER 1993, 42). Gedichte zu verstehen heißt, die genannten Einzelheiten wahrzunehmen und auf ihren Bedeutungsgehalt hin zu befragen, was SchülerInnen zu kritischen Lesern ausbilden soll (vgl. edb.). Gedichte sind des Weiteren ein Stück menschlicher Kultur und müssen schon deshalb Bestandteil des Deutschunterrichts sein. Außerdem sind Gedichte aufgrund ihres ästhetischen Charakters (gebundene, aber dennoch ausschmückende Sprache; vgl. auch Sachanalyse) besonders wichtig für Rütenbrocker Kinder, um die einfache und z.T. raue Sprache in dieser ländlichen Gegend (geprägt durch Dialekt und Nachbarsprachen) durch eine andere Form von Sprache zu ergänzen.

Ich habe mich v.a. für das Gedicht „Aus Glas" von Josef Guggenmos entschieden, da sein phantastischer Charakter Kinder besonders anspricht. Zudem kommt es dem Anschauungsvermögen und dem Idenktifikationsbedürfnis der SchülerInnen sehr entgegen. Die Kinder werden durch das Gedicht und durch den Umgang damit in der Stunde dazu aufgefordert, sich in eine imaginäre Rolle zu versetzen bzw. einzufühlen (vgl. Ziele). Ich halte diese Fähigkeit, die der Empathie sehr nahe kommt, für einses der wichtigsten Erziehungsziele der Schule. Weiterhin bietet „Aus Glas" die Möglichkeit, zu erkennen, dass Wunschträume, wenn sie denn zu Ende gedacht werden, nicht immer so positiv sind. Ohne erhobenen Zeigefinger kann hier verdeutlicht werden, dass Gedankenspiele zwar „Spaß" machen, aber Wunschgedanken eben auch zwei Seiten haben (vgl. Sachanalyse). Um die gerade beschriebenen, vordergründigen Ziele zu erreichen eignen sich m.E. besonders Verfahren der Szenischen Interpretation bzw. allgemein handlungs- und produktionsorientierte Verfahren. Während die `grafische Umsetzung mit Rollengedanken´ und das `Standbild bauen´ in erster Linie das Einfühlen in Figuren erfordert, vertiefen das `Parallelgedicht schreiben´ und `Parallelgeschichte spielen´ die Er-

---

[6] NIEDERSÄCHSISCHER KULTUSMINISTER, 20ff.

11

kenntnis über Vor- und Nachteile von Wunschgedanken (vgl. Sachanalyse und Methodische Vorüberlegungen).

Die für diese Stunde notwendige didaktische Reduktion bezieht sich sowohl auf das Gedicht selber als auch auf den Umgang damit. Im Hinblick auf das Gedicht werde ich v.a. seinen formalen Charakter weitestgehend unberücksichtigt lassen (nur Strophen, Verse, Reimwörter). Das Erkennen und Benennen des seltenen Reimschemas und der auffälligen Rhythmik oder gar des Versmaßes erscheinen mir für das 3. Schuljahr unangemessen. Die Verfahrensweisen der Umsetzungsphase sollen ebenfalls in einer der Altersgruppe angemessen Form ausgeführt werden. So muss beim Parallelgedicht nicht unbedingt gereimt werden, die Regeln des Standbildbauens sind reduziert und die grafische Umsetzung ist stark vorgefertigt.

Methodische Vorüberlegungen

Das methodische Grundprinzip dieser Stunde kann kurz zusammengefasst werden: Der Inhalt eines lyrischen Textes wird zunächst unter Zuhilfenahme der Inszenierungstechniken `Verrätseln´ und `Bluffen´/ `Überraschen´ gemeinschaftlich erschlossen und dann mittels verschiedener Verfahren des handlungs- und produktionsorientierten Literaturunterrichts in Einzel-, Partner- und Gruppenarbeit vertieft und umgesetzt.

Die Kinder begegnen dem Gedicht in verrätselter und verkürzter Form. Die Verrätselung bewirkt nicht nur eine gewisse Spannung, sondern ähnelt auch einem Hörauftrag und erfordert ein aktive(re)s Zuhören, welches die Begegnung mit dem Text intensiviert. Die Kinder müssen genau zuhören bzw. auf den Inhalt achten, um das Wort „Glas" zu `erraten´. Zum besseren Verständnis werden die ersten drei Strophen dann noch einmal ohne Auslassung vorgetragen. Im anschließenden Unterrichtsgespräch sollen die SchülerInnen sich durch verschiedene Fragehorizonte, die v.a. auf das einfühlen in die Figuren abzieln, inhaltlich auf das Gedicht einlassen. Es sollen allerdings auch schon hier alternative Wunschvorstellungen angedacht werden, um den später notwendigen Transfer (rote Gruppe) langsam vorzubereiten. Bevor die Kinder nun das Gehörte lesen können, sollen sie eine Übung aus dem Brain-Gym®-Programm ausführen. Die liegende Acht dient an dieser Stelle v.a. dazu, dem Bewegungsdrang der Kinder ein wenig nachzugeben.[7] „Gleichzeitig wird die Entwicklung von Netzwerken und er Aufbau der Myelinschicht des frontalen Augenfelds für die Feinmotorik der Augenfolgebewegungen unterstützt" (HANNAFORD 1996, 149), was den (folgenden) Leseprozess vorbereitet und fördert. Die folgende, kurze formale Betrachtung soll zum einen zur Festigung der notwendigen Begriffe beitragen (vgl. Didaktische Vorüberlegungen) und zum anderen Ausgangslage eines Überraschungseffektes sein (Ss benennen die Anzahl der Strophen; L verneint „richtige" Antwort und deckt letzte Strophe und Abschlussvers auf). Dieses `Bluffen´ soll nicht nur erheiternden Charakter haben. Vielmehr habe ich den letzten Teil des Gedichts so lange zurückgehalten, um seine Aufnahme zu intensivieren und die inhaltliche Trennung vom ersten Teil zu verdeutlichen. Dementsprechend zielt das folgende Unterrichtsgespräch auch darauf ab, die negative Seite von Wunschgedanken zu erkennen, wobei auch die `parallelen´ Wunschgedanken zu Ende gedacht werden sollen.

Dass sowohl die Begegnung als auch die Auseinandersetzung im Sitzhalbkreis vor der Tafel (auf Teppich-Fliesen) stattfinden, hat verschiedene Ursachen. Zunächst sprechen rein organisatorische

---

[7] Ursprünglich hatte ich zwei Übungen vorgesehen, bei denen die Kinder hätten aufstehen müssen. So wäre der Bewegungsdrang zwar noch stärker abgebaut worden, aber die Gefahr des Abschweifens vom eigentlichen Thema schien mir zu groß.

12

Gründe dafür, denn zum einen habe ich die spätere Arbeit der Kinder in Gruppen bereits an den Tischen vorbereitet (Zeitersparnis) und zum anderen müssen jedoch alle in der Lage sein, problemlos zur Frontwand (Projektion) zu schauen. Des Weiteren ermöglicht der Sitzhalbkreis den SchülerInnen Blickkontakt zu mir und untereinander zu halten, was den angstrebten Gesprächscharakter dieser Phasen unterstreicht.[8] Dieser theoretische, erste Teil der Stunde ist m.E. unerlässlich, um die folgende, vertiefende Umsetzung vorzubereiten.

Um Transparenz zu schaffen, wird nun – noch im SHK – die folgende, arbeitsunterschiedliche Umsetzung in Gruppen angekündigt, bevor die Kinder ihre Gruppen suchen. Anhand eines Farbstreifens unter ihrem eigentlichen Arbeitstisch sollen sich die SchülerInnen einer Gruppe/ Aufgabe zuordnen. So wird gegenüber dem Verteilen von Farbschnipseln einerseits Zeit gespart und andererseits Bewegen und Entdecken initiiert. Die Gruppen sind farblich gekennzeichnet, da Kinder Farben gern haben und damit für sie die Zuordnung während der Arbeitsphase und besonders bei der Ergebnispräsentation einfacher ist. Die Einteilung der Gruppen habe ich bestimmt, da einige Kinder m.E. noch nicht in der Lage sind, ihre Fähigkeiten gut genug einzuschätzen. Ich habe mich bemüht, sie nach den Kriterien `Leistungsvermögen´, `Arbeitstempo´ und v.a. `Interesse´ angemessen den verschiedenen Umsetzungsverfahren zuzuordnen. Hier ist also sowohl eine quantitative als auch eine qualitative Differenzierung enthalten. Diese resultiert aus unterschiedlichen Schreibumfängen (gar nicht → Gedanken → Tagebuch-Eintrag → Parallelgedicht), unterschiedlichen Abstraktionsgraden (Darstellung des tatsächlichen Inhalts → Transfer zu parallelem/ ähnlichem Inhalt) und aus den zur Verfügung stehenden Hilfen. Für diejenigen, die dennoch früh fertig sind, ist ein Arbeitsblatt mit dem Gedicht in verfremdeter Form vorhanden.[9]

Da es sich hier um bekannte bzw. in ähnlicher Form kennengelernte Verfahrensweisen handelt, und um die Selbstständigkeit zu fördern, werde ich die Arbeitsaufträge nicht generell erläutern. Sie sollen möglichst eigenständig erlesen werden. Ich werde mich davon überzeugen, dass alles verstanden wurde und eventuell nähere Erläuterungen geben. Die grafische Umsetzung der blauen Gruppe beinhaltet arbeitsteilige Gruppenarbeit, da hier gemeinsam ein Produkt erstellt wird. Die Kinder dieser Gruppe sollen ihre Ergebnisse vorschreiben, da sie im Schriftgebrauch noch recht unsicher sind. Die Medien sind hier deshalb so stark vorgefertigt, damit die Kinder mit angemessenem Arbeitsaufwand ein ansehnliches Produkt erstellen können. Auch das `Standbilder-Bauen´ (gelbe Gruppe) erfordert Gruppenarbeit, die hier jeweils vom `Bauer´ angeleitet wird. Beim `Tagebuch schreiben´ und beim `Parallelgedicht schreiben´ können die Kinder selber entscheiden, ob sie die Aufgaben alleine oder mit einem Partner erledigen, um individuellen Neigungen im Arbeitsverhalten gerecht zu werden.

Die Ergebnispräsentation findet in der gewohnten Sitzordnung an Gruppentischen statt, wobei die SchülerInnen bei der Vorstellung ihres Produktes nach vorne kommen. Ich habe mich hier gegen einen erneuten Sitzhalbkreis entschieden, weil die mitzubringenden Zettel Unruhe erzeugen würden, und weil dem höheren Zeitaufwand m.E. kein entsprechender Vorteil gegenübersteht. Für den Vortrag der Parallelgedichte und Tagebucheinträge setzten sich die Kinder auf den `Dichterstuhl´ (Lehrerstuhl vor der Tafel). Wichtig ist mir die Würdigung aller Ergebnisse, damit die Kinder ihre Arbeit als bedeutsam erfahren. Allerdings können nicht alle Produkte in der Stunde vorgestellt werden. Um die Arbeiten

---

[8] Aufgrund der räumlichen Gegebenheiten ist der Sitzhalbkreis in dieser Klasse immer etwas `eng´. Wegen der genannten Argumente möchte ich jedoch trotzdem nicht darauf verzichten.
[9] Zudem enthält die Arbeit der grünen Gruppe eine quantative Differenzierung, da ich hier besondere Schwankungen in der Bearbeitungszeit erwarte.

dennoch entsprechend zu würdigen, wird das Ergebnis der blauen Gruppe zunächst an der Tafel und später im Klassenraum aufgehängt und die Tagebuch-Einträge sowie die Parallelgedichte in der Gedicht-Ecke für alle zur Verfügung gestellt.

Literatur:

FISCHER, E.	Lyrik im Unterricht der Grundschule. In: Die Grundschule 8/1993
GUGGENMOS, JOSEF	Was denkt die Maus am Donnerstag? 123 Gedichte für Kinder. Recklinghausen 1967
HAAS, G./ MENZEL, W./ SPINNER, K.	Handlungs- und produktionsorientierter Literaturunterricht. In: Praxis Deutsch Heft 123 1994, S. 17-24
HANNAFORD, CARLA	Bewegung – das Tor zum Lernen. Freiburg 1996
JANK, WERNER/ MEYER, HILBERT	Didaktische Modelle. Frankfurt/ M. 1991
LORENZ, OTTO	Kleines Lexikon literarischer Grundbegriffe. München 1992
MENZEL, WOLFGANG	Literatur erschließen: operativ. In: Die Grundschulzeitschrift Heft 79 1994, S. 6-11
MEYER, HILBERT	ASP-Skripte. 16 Lektionen zur Vorbereitung auf das Allgemeine Schulpraktikum. Oldenburg 1994
MOTTE, M.	Kinderlyrik – Begriff und Geschichte. In: Forytta, C./ Hanke, E. (Hrsg): Lyrik für Kinder – gestalten und aneignen. Frankfurt/ M. 1989
NIEDERSÄCHSISCHER KULTUSMINISTER (HRSG.)	Rahmenrichtlinien für die Grundschule – Deutsch. Hannover 1984
REGER, HARALD	Kinderlyrik in der Grundschule. Baltmannsweiler 1990
REICHGELD, MANFRED	Gedichte in der Grundschule. Ein Glanz schwebt in die Weite. München 1993
SCHELLER, INGO	Szenische Interpretation. In: Praxis Deutsch Heft136 1996, S. 22-32
SCHELLER, INGO	Wir machen unsere Insenierungen selber (I). Szenische Interpretation von Dramentexten. Theorie und Verfahren zum erfahrungsbezogenen Umgang mit Literatur und Alltagsgeschichte. Oldenburg 1989
SCHIEHLEN, URSULA	„Manchmal denke ich mir irgendwas...". Vom Umgang mit einem Guggenmos-Gedicht. In: Praxis Deutsch Heft 114 1992, S.31-32
SCHULZ, GUDRUN	Umgang mit Gedichten. Berlin 1997
WITZENBACHER, KURT	Praxis der Unterrichtsplanung. Unterrichtsvorbereitung und Unterrichtsgestaltung. München 1994
WYGOTSKI, L. SEMJONOWITSCH	Denken und Sprechen. Berlin 1964 (zuerst Moskau 1934)

„Ich versichere, dass ich den Unterrichtsentwurf selbstständig angefertigt habe, keine anderen als die angegebenen Hilfsmittel benutzt und die Stellen des Entwurfs, die ich im Wortlaut oder im wesentlichen Inhalt anderen Werken entnommen habe, mit genauer Angabe der Quelle kenntlich gemacht habe."

Aschendorf, 06.03.2000 _____

Aus Glas

Manchmal denke ich mir irgendwas.

Und zum Spaß

denke ich mir jetzt, ich bin aus Glas.

Alle Leute, die da auf der Straße gehen,

bleiben stehen,

um einander durch mich anzusehen.

Und die vielen andern Kinder schrein:

„Ei, wie fein!

Ich, ich, ich will auch durchsichtig sein."

Doch ein Lümmel stößt mich in den Rücken.

Ich fall hin ...

Klirr, da liege ich in tausend Stücken.

Ach, ich bleibe lieber, wie ich bin.

Blaue Gruppe:

Christoph O., Pierre, Christina, Malte, Lena, Paula

Bilder und Denkblasen zum Gedicht

Ihr braucht jeder Bleistift und Kleber!

AUFGABEN:
1. Jeder nimmt ein Bild!
2. Jetzt macht jeder von euch ein Bild fertig:
   - ➤ Sucht die passenden Figuren für das Bild.
   - ➤ Überlegt, was sie denken könnten und schreibt es auf einen Zettel!
   - ➤ Dann schreibt und klebt es ordentlich auf!
3. Legt die blauen Bilder in der richtigen Reihenfolge auf die Tapete! (Achtet auf das Geschriebene!) Wenn ihr euch sicher seid, klebt ihr!

TIPP:
Lest euch das Gedicht noch einmal durch!
Helft euch gegenseitig, bis die „Bildergeschichte" auf der Tapete fertig ist (aufgeklebt)!

Gelbe Gruppe:
Sandra H., Maik, Torsten, Tanja, Oliver, Michael

Standbilder bauen

AUFGABEN:
1. Wählt 4 Standbild-Bauer aus!
2. Baut zu jeder Strophe ein passendes Standbild!
   - ➤ Überlegt euch genau, wie die Figuren stehen könnten und was sie denken!
   - ➤ Übt die Standbilder!

TIPP:
Lest das Gedicht noch einmal durch! Überlegt beim Üben zusammen, aber beim Vormachen darf nicht gesprochen werden!

Grüne Gruppe:
Maria, Carina, Sandra K., Christof S., Florian, Heidrun

Tagebuch schreiben

Ihr braucht eure Federmappe!

AUFGABEN:
1. Stellt euch vor, ihr seid eines der Kinder, die das Kind aus Glas sehen! Was würdet ihr dann am Abend in euer Tagebuch schreiben?
2. Überlegt euch genau, warum ihr zuerst so begeistert ward und was dann passierte!
3. Schreibt möglichst genau was passierte und was ihr gedacht habt!

TIPP:
Lest euch das Gedicht noch einmal durch, Besonders die 3. und die 4. Strophe!

Rote Gruppe:
Manuela, Miriam, Anne, Corinna, Christian, Judith

Ähnliches Gedicht schreiben

AUFGABEN:
1. Überlege dir, was oder aus was du vielleicht sein willst!
   ➤ Was wäre daran alles toll?
   ➤ Was wäre daran nicht so gut?
2. Schreibe dein Gedicht auf den Zettel, auf dem ich schon angefangen habe!

TIPP:
Du darfst es auch mit einem Partner zusammen machen. Wenn dir nicht genug einfällt, kannst du die leichte oder sogar die besondere Hilfe benutzen.

Lightning Source UK Ltd.
Milton Keynes UK
UKRC021928180619
344646UK00001B/6

* 9 7 8 3 6 4 0 3 9 6 1 3 9 *